아침달 시집

한 줄도 너를 잊지 못했다

창작동인 뿔

최지인

양안다

최백규

동인의 말

  우리는 어둠 속에서 서로에게 기댄 채 끝없이 질문하며 세계를 바라보았다. 찰나의 밝은 것들을 시로 적었다-.

2019년 11월
창작동인 뿔

차례

1부
이 세계의 끝은 어디일까

we all die alone	16
여름과 숲과 아게바	18
꽃은 봄을 웅성거리지 않았다	22
섬	23
죄책감	26
그투	28
여름 편지	30
과거가 우리를 잊지 않았다면	32
고시텔	35
꽃그늘에 복사뼈를 묻고서	38
기으	40
1995년 여름	41
해적 방송	44

2부
떠난 사람을 눕혀주는 일처럼

낙원	48
공백기	49
부작용	52
기다리는 사람	54
안감과 겉감	56
서사	58
다세대주택	59
어제의 꿈은 오늘의 착란	60
복잡한 일	64
그린란드로 보내는 편지	66
열대야	69
종례	70
해열	72
승진	73

3부
뒤돌아보지 않기를

우리 밤	78
처마	80
iloveyouthatstheproblem	81
멈블	84
지식보다 거대한 우주에는	88
재생	89
악어	92
미러진행	94
겁	96
마음 편지	97
진단	102
파도 앞에 선 사람	106
마카벨리傳	107
우리 영원 꿈	114

뿔은 미래를 지향하는 창작동인입니다.

1부

이 세계의 끝은 어디일까

we all die alone

가난한 애인이 장마를 삼켜서 어지러웠다

숲속에서 망가진 나무를 되감을 때마다
세상엔 일기예보가 너무 많고
내가 만든 날씨는 봄을 웃게 할 수도, 떨어뜨릴 수도 없어서
시들겠다는 비근함을 믿고 싶어졌다

마른 손목과 외로운 눈동자도 썩 어울렸다
거룩한 꽃을 오래 밟다가 잠들면 바람이 다 자살할 때까지 망가져 내리는 유성우

내일 밤 현실에 따뜻한 천사를 보면서
그곳이 천국이라 생각할 텐데
지금은 이대로 사라지면 어쩌지 걱정하는 내가 있고
어제 들은 음악과 며칠 전 봤던 영화에서도
사라지면 안 되는 것들만 사라져서

네가 웃을 때마다 누군가와 손잡고 걷는 꿈들을 꿨다
우리는 슬픈 것이 닮았고, 피가 달라서 더 슬프다
죄를 안고 함께 목 놓아 울어줄 수 없어서 아름다운 적막을 산다
온종일 기도하다가 손목 그림자를 따라 죽어가면

그 여름에서 수평선이 기다리고 있을까

비극은 자주 부풀던 뼈마디보다 가벼워졌다

여름과 숲과 아메바

잠재적인 의자들, 너는 숲을 그렇게 불렀지 우리는 자신의 이름으로 서로를 불렀다 내가 나를 부르며 널 붙잡았을 때 나의 이름이 어느 외국어로 느껴져서 입술이 간지러워졌다

죽는 장면을 상상하면 숲보다 바다가 떠올랐는데 그러니까 사람은 목매다는 것보다 물에 빠져 죽는 것이 더 어울리는 게 아닐까 생각했다 누구에게도 자신의 주검을 들키고 싶지 않다는……

너는 아무것도 모르겠다고 울음을 터뜨리지
눈물이 뺨 위에서 두 갈래로 갈라지고 있었다

*

"꼭 퍼즐 조각 같아."
너는 숲의 바닥에 어질러진 빛을 보며 중얼거렸다 나는 어디선가 총성을 들었는데 새 떼가 나무를 흔들며 날아갔고 빛의 파편이 바다처럼 일렁였다 네가 빛 위를 걸어가면 너는 빛의 그물에 감겨 있었다

한때는 그랬었지 우리는 무엇이든 가능할 것이라 믿었으며 서로에게 서로가 있다면 어떻게든 살아갈 수 있을 거라는 희

망 같은 게 있지 않았나 지금은 다 어디로 가버렸니 왜 우리는 하루에 적어도 세 번씩 미안하다는 말을 하게 되어버린 걸까

    있지, 이번 계절에 있었던 일인데 어떤 사람이 길가에 앉아 통화하며 울고 있었어 계속 중얼거리며 우는데…… 울음 때문에 무슨 말인지 알 수 없었지 그 사람을 지나가려 하는데 그때 이런 말을 하는 거야
    사람이 어떻게 그럴 수 있냐고,
    그건 도대체 무슨 말일까 도대체 사람이 무엇을 해야 하며
    무엇을 하지 말아야 하는 걸까 그 사람은 어떻게 그런 말을 할 수 있었던 걸까
    난 모르겠어
    너의 여름은 어땠어?
    우리는 숲을 걷는다 같은 나무라고 생각되는
    나무 사이를 걸으며
    조금도 나아가는 느낌을 받지 못하면서

    그건 누군가를 사랑하거나 죽이고 싶을 때 하는 말이라고,
    네가 그런 말을 해본 적 있는지 모르겠지만
    사람이 사람을 넘어서려 할 때
    마음이 마음 바깥으로 넘치려 할 때
    목소리가 주체할 수도 없이 입 밖으로 터져 나올 때,

그럴 때만 할 수 있는 말이라고

어떻게 된 거예요?
생각해보면 사람들은 가끔 그런 말을 한다
말해주세요
우린 어떻게 된 거예요?

                                *

　우리가 죽지 않으려 숲을 찾아간 건 아니었으나 살기 위한 건 더욱 아니었다 숲은 색채가 몇 가지 없고 사방이 나무로 둘러싸여 있고 나는 이곳과 저곳을 구분할 수 없어서 길을 잃을까 봐 너의 손만 잡고 걸었다 너도 그랬을까 네 이름으로 날 부르듯이, 나의 마음이 너와 비슷해지듯이

　휴가에는 먼 도시로 떠나자 함께 구두를 신고 걸으며
　서로가 곁에 있다는 사실을 알려주자
　그곳에서 일어나는 이상한 일을 낯선 언어로 잔뜩 기록하자
　그곳 사람들에게 우리 숲의 이야기를 들려주고
　영원히 헤맬 줄 알았어요 우린 나아지지 않을 줄 알았어요, 그런 말과
　그곳 여름은 어떤지

이 숲처럼 빛이 조각나고
짝이 맞지 않는 퍼즐을 맞춰보느라 애를 쓸지도 몰라
총성이 들리면 새 떼가 날아가고
나무가 증식되는 것만 같은지,
그곳에선
우리가 미래에 무사히 상영될 수 있는 걸까

그런데 여기
아까 지나갔던 곳 아니야?
너는 자꾸 눈물을 훔치고 나무를 살펴보고
나무에 기대어도 보다가
주저앉아 울기 시작했다
다음이 분열되어서
이 마음과 저 마음을 구분할 수 없다고
혼란스럽다고
주변이 온통 의자들이니
어서 옆에 앉아 달라고, 너는 말했다

눈을 감으면
빛이 나를 조각내는 장면이 보였다

꽃은 봄을 웅성거리지 않았다

영원히 비가 오지 않을 세계 아래로 유유히 지나가는 장마들

눈 뜬 채 죽어간 화가의 동맥과 흰 수목의 화엽들과 바람을 긋던 새 떼가
허공에 부서져 썩어가고 있을 때

먼 생을 돌아 한으로 추락하는 숨을 놓친다

자정의 수평선에 먹구름이 돌면
해안가를 따라 휩쓸릴 때까지 떠오르다가 터지는 빛

지옥이 존재한다고 믿는 사람들은 죽어서 그곳으로 간다지만 봄은 끝까지 꽃을 살아가고 있다

두 명의 아이는 사라지고 수천만 시간의 바다만 몰아칠 것이다
심장도 찬란히 망가질 수 있다는 걸 처음 알게 되었다

별들이 몰락하기도 전에 너의 계절이 왔다

섬

바위 위 사마귀
바위색 사마귀
그것들 뒤로 그림자
나는 벌써 백발이 되었다

그날 운세는 이러했다
쪽배가 큰 파도를 만나 예상치 못한 일로 변고를 당할 수 있다
그러나 절대 불의를 행하지 마라-

트럭을 피하려다 벽에 차를 박았다
노조석 범퍼가 깊게 파였다
아무도 다치지 않았다
무더운 여름이었다

어제는 저녁에 한강 공원을 걸었다
죽은 지렁이들을 보았다

실패한 사랑은 아무것도 하지 않는 것에 대한 괜찮은 변명거리다
누구나 실패하니까
그렇다고 해서 포기할 순 없다

경광봉을 흔드는 한 사람과
참 캄캄한 하늘
네가 가리킨 것은
맑고 향기로운 잘못들이었다

너는 슬퍼지지 않는 것 따위는 삶이 아니라고 말하는 사람이었고
나무들 사이를 지나는데
손끝이 닿았다

다음 생은 엉망으로 살고 싶어, 마음껏 엉엉 울고 그 누구도 되지 않는, 그럼 아쉬워도 태어나지 않겠지, 나뭇가지에 옷을 걸어두고 이제 여름으로, 여름으로

사랑한다 말하면 무섭다
그것이 나를 파괴할 걸 안다

초파리가 과일 껍질 위를 맴돌고 있다
옆으로 돌아누운 너는
이해할 수 없는 사람
네가 거기 있다는 걸 알 수 없듯이
서성이는 슬픔

저 멀리 섬들 보인다
이제 바다를 건널 것이다

죄책감

너와 손잡고 누워 있을 때
나는 창문에서 뛰어내리는 한 사람을 떠올렸다

이 세계의 끝은 어디일까
수면 위로 물고기가 뛰어올랐다

빛바랜 벽지를 뜯어내면
더 빛바랜 벽지가 있었다

선미船尾에 선 네가 사라질까 봐
두 손을 크게 흔들었다

컹컹 짖는 개를
잠들 때까지 쓰다듬고

종이 상자에서
곰팡이 핀 귤을 골라내며

나는 나를 미워하지 않는다
기도했었다

고요했다

태풍이 온다던데

아두런 진전이 없었다

그루

우리에게 비가 있었다
불이나 꽃을 몰락하는 계절 끝에서 어두움이
시들어갔다 빛은 죽지 않았다

새벽은 장마의 핏줄이 도드라지는 섬

입속에 파도가 자랐다
우리는 계속해서 먹구름을 만들고
세상은 어딘가에서 거대한 태풍을 잃어버린다
모든 비극은 어제가 오면 내일을 자전하고
위성은 미친 듯 지구를 맴돌 것이다

나무속을 타고 흐르는 붉은 강
익사한 새

바람을 흔드는 낙화는 휘파람만이 아니라서
몸속 깊은 상처에 환절기를 남기는 것은
손목 위로 심장을 뱉는 애인의 방식
소년 소녀가 사랑하면 행성이 된다

너는 나의 우주다

소규모, 가능성, 뒷골목, 마지막 겨울과
둥근 시간들, 네모난 날짜들
옥상에 오르자 멍하니 미래를 기다리는 안테나가 서 있었다

서로의 과거는 무력하면서도 따뜻할 것이다
모든 것이 아름다울 수 있다는 사실이 믿어지지 않는다

죽어간다는 것이 낯설어졌다

여름 편지

지난 편지에서 너는 익사자와 입을 맞추었다고 했다

식물의 생애를 연구하고 싶었다 어둠을 거두고 빛을 향해 발신되는 문장을 너에게 보내고 싶어서

너 홀로 눈보라를 받아내는 꿈속에서 나는 쏟아져 내리고 있었다

너는 알고 싶다고 썼다, '남자는 견딜 수 없어서 연인에게 작별을 전한 거야 그의 마음은 진심이었을까'

내가 알고 싶은 대상이
너인지 너의 마음인지 알 수 없어서

얼어붙은 호수를 걸으면
갈라지는 내가 보이고

수면 위에서 햇빛이 난반사되고 있었다 강물에 발을 담그고 있으면 빛은 셀 수 없이 갈라졌다

식사를 거르고 찬물로 목을 적실 때

익사자와 식물의 차이점에 대해 묻고 싶었다 화분에서 마른 잎이 떨어지는데 너는 흐트러진 머리칼을 흔들고

너는 매일 밤마다 두 팔을 벌린 채 눈을 맞겠지만

어둠은 왜 갈라지지 않는 걸까
적었다가 지우길 반복하는 편지가 쌓이는 동안

언 입술이 녹지 않아서

여름 꿈속에서도 나는 쏟아질 텐데

'가라앉은 건 그가 아니라 나인 것 같아', 너에게 보낼 편지를 적는다 이런 나의 마음은 진심일까

과거가 우리를 잊지 않았다면

여자가 이미 늦어버렸다고 말한 그 순간, 남자는 광장에서 자신이 제외되었다는 느낌을 받았다 무언가 대답을 하고 싶었지만, 남자는 먹먹해지는 귀를 느끼며 어렸을 때 물에 빠진 날을 떠올리고 있었다
그것으로 끝이 났다
정말로 늦어버렸다고, 남자는 생각했다

남자는 집으로 돌아가면서 두 팔이 식어가는 것을 느꼈다
이 계절도 끝이겠구나,
실감했다

여름이 지나가고 있었다

새들은 아무것도 모른 채 아침을 알리는데

*

광장이 보이는 창가로 해가 지고 있었기 때문에
나는 그곳이 서쪽이라는 걸 알 수 있었다

작별이 늘어갈수록 기념하고 싶지 않은 날들이 많아졌다

눈이 쏟아지던 날, 너는 눈보라 속으로 뛰어들었고 나는 그런 너를 쫓아가 너의 손을 감싸 쥐었다 견딜 수 없다고, 너는 정말 너 자신을 견딜 수 없다며 숨을 몰아쉬었다 작은 너의 두 손이 나에게 알맞았다 우리에게 필요했던 건 여백이었을지도 모르지만

달이 환하다고 하지 않았나요 잠들려고 오래 눈 감고 있어도 그 빛이 꿈속까지 물들인다고 하지 않았나요 나는 너의 빛에 자주 발각되곤 했다 너는 내게 영혼을 내려놓아도 된다고 말해주었는데

어느 과거, 내가 물속에서 하염없이 가라앉을 때, 나는 누군가의 마음에 닿는 것보다 멀어지고 멀어지며 가라앉는 게 더 어울리는 사람이라고 생각하는 동안 물 밖에선 알 수 없는 형체가 나를 향해 소리를 질러댔지만 내가 들은 건 비명을 삼키는 어떤 소리 비슷한 것이었다 그것이 나의 첫 살의이자 예지몽이었다

그러나 우리가 믿던 건 그런 게 아니지 않았나 두 발 잘린 새가 착지하는 곳은 나무가 아니라 다른 새의 곁이라고, 미래의 숲은 폭죽과 가까운 모습일 거라고 하지 않았나 아직도 그 대화가 믿기지 않아서 적고 적고 또 적었다

낯선 곳에서 밤을 보내면
무슨 수로 방향을 구분할 수 있을까

어둠 속에서 새의 울음을 들었을 때

믿음이 제외된 나의 세계 속에서

                                                *

밤의 광장은 날카롭게 잘려 있었다 어둠으로 삭제된 배경과
빛으로 부각된 사람들 사이에서

그러나 광장은 너를 제외하기를 멈추지 않는다
오늘의 밤은 달을 감추는 데에 실패하고

늦어서 미안하다고 속삭이는 연인이 있는데

  비명 소리에 뒤를 돌아보면 너를 닮은 이가 달려가고 있었
다 내가 아닌
  피 흘리는 누군가를 향해

고시텔

일 톤 트럭 타고
봉천에서
철산까지 가는 동안
짐칸의 화분이 신경 쓰였다

벽 하나 두고
방과 방
옆방과 옆방
뒤척이는 옆
몸을 벅벅 긁는 방
아침 여섯 시 울리는
알람 알람

펑, 하고 전선이 터졌을 때
벽지가 까맣게 그슬려 있었다
그해 시험은 망쳤다

떨어진 꽃은 유리병에 담았다
썩은 것 위
썩지 않은 것
알면서도 의면하는 것
아무도 아닌

사람
마르지 않는
묵은 빨래

저녁때가 되면 하나둘
주방으로 모였다
냉장고가 반찬통들로 꽉 차 있었다
하나같이
먼 곳 보며 배를 채웠다

방에서 물비린내가 난다고
애인이 말했고
작은 창이라도 있으면
숨통이 트일 것 같았는데

똑똑, 하고
벽 두드리는 소리

그곳에서 몇 번의 사랑을 했다
겨울이 끝나갈 때 즈음
모두
끝이 났다

말라비틀어진
식물 고개 숙이고

서랍 열면
눈 쌓인 지붕들 보였다

나는 숨죽이고 책을 정리했다

꽃그늘에 복사뼈를 묻고서

그리운 사람도 없이 열이 오른다

갈빗대 언저리에 든 멍이 묽어질수록 봄이 녹슬어간다 오래 삭아가고 있다

향을 피우듯

비탈에 걸터앉아 묘목을 심는다 이 숲에서 철거되고 싶은 건 나밖에 없다 죽은 사람의 피는 다 어디로 갈까

빈 계절이 장례식이다

이따금 해진 볕이 소매에 쌓인 먼지처럼 우수수
쏟아지고

무사히 누그러지는 바람만이 묻어놓은 슬픔을 상하지 않게 한다

흐려진 발목을 적시며 시들어가던 길에서 심연으로부터 밀려나기 시작했다는 마음만 들었다

혀뿌리를 길게 뽑아놓은 개가 꽃나무 아래 쓰러져 있다

핏줄이 끝없이 펄떡거렸다

기우

심장이 흐린 날이다

길가에 죽은 고양이에도 희망이 없다 내장 뜯는 쥐가 있다

빈방에 썩고 싶지 않아서
철새 무리가 솟구친 자리만 한나절 되감는다
열을 앉히듯 수국이 헐거워져도 누구 하나 비참하지 않도록
해가 높고
가축들이 망루를 지나 목초지로 가로지를 적에는 발바닥에 묻은 모래나 털고 일없이

기다린다

세상의 모든 고아들이 한 식탁에 모여 앉아 식은 밥알 씹듯
사람들은 한 아름의 치욕과 허탈을 삼킨다

상처가 벌어질 때마다 아득해지는 이곳과 천국의 간극

밤에 나갔다가 낮에 쌀을 사 들고 돌아오는 골목에서 매일
바람이 죽어가는 것을 본다

꽃을 삼켜도 여름은 울지 않았다

1995년 여름

이놈의 집구석
넌더리가 난다고 했던 주말 오후에는
소면 삶고 신 김치 잘게 썰어
양념장에 비벼 먹었다

아무 일도 없었다
이불을 뒤집어쓰고 끝나기만
기다렸다
어머니가 울음을 터트렸고
나는 귀를 막았다

어머니는 멍든 눈으로
부서진 가구를 밖에 내놓고
금이 간 유리창에 셀로판테이프를 붙였다
출근하지 않고 틀어박혔다
문을 두드려도 기척이 없었다

나는 동급생들과 아파트 단지를 뛰어다녔다 자전거를 훔쳐 타고 슬프다 슬펐다 언덕을 오르내렸다 가장 먼 곳을 향해 페달을 쉬지 않고 밟았다 옳다고 믿었던 건 옳지 않은 것뿐이었다

슬픈 마음이 안 슬픈 마음이 될 때까지
나는 슬플 때마다 슬프다고 말했다
여성복 점원이 엄마야? 하고 물을 때
누나예요 하고 답하면
어머니가 생긋 웃었다

　강 너머에서 어느 일가족이 연탄가스 마시고 세상을 버렸다 세상은 반듯하게 누워 뭉그러졌다

　화장품 가게에서 일하는 어머니도 한때는 무용수였다 나는 종종 무대에서 춤추는 어머니를 떠올렸다 어머니는 땀을 뻘뻘 흘리며 팔과 다리를 길게 뻗었고 박수와 함께 허공 속으로 사라졌다

　나는 시시한 이야기를 지어낸 셈이다

*

잠든 어머니 가슴에 귀를 대고
가만히 숫자를 셌다

그해 여름

어머니는 지나치게 일을 많이 해서
이룬 게 거의 없었다

해적 방송

이제 우리는 서로의 이방인이다

희고 뜨거운 밥상을 수백 번 물릴 때까지 한 줄도 그대를 잊지 못했다

지구로 향하던 운석이 환하게 흩어지고
가족을 가진 인간들이 집으로 파한 이후의 광장이 있다
후드를 입고 슈퍼스타 밑창이 닳아가도록 보드가 아스팔트를 갈랐다 청바지에 손을 숨긴 채
도로 끝을 바라보았다

양치를 하고
외투를 벽에 걸고서 유난히 하얗던 지난여름의 일들을 생각하며 식료품을 정리하다가

의자에 앉아 느리게 연필을 깎는다

안다 머리를 묶지 않는 그대의 귀가 아름답다는 사실을

쉽게 죄를 짓던 손으로 블록을 조립하고
합정역에서 상수역까지 걸었다
웃음을 지어야만 했다 지인과 연락을 끊고 모르는 사람

을 용서하고
　조용히 야위어가며

　식은 바닥에서 잠을 자다가 눈이 떠지면 일어나서 산다

　이른 날에는 익숙한 병을 우두커니 앓고 있는 나를 누군가 보살펴주었다

　숨을 죽였다

2부

떠난 사람을 눕혀주는 일처럼

낙원

그해 봄은 성한 곳 없이 열을 앓았다

살을 맞대어 서로에게 병을 안겨주던 시절이었다 눈더미처럼 누워 화관을 엮었다
불 지르고

비가 쏟아지는 날에도 창을 열어두고 살았다 보낸 적도 없는데 돌아오지 않는 일이 있어서

문턱을 쓸듯이

늦은 저녁을 차리며 끓어 넘치지 않도록 들여다보는 사이

과일은 무르고 이마가 식지 않았다

공백기

문을 열면
흰 벽과 흰 천장 흰 에어컨 있고
바퀴 달린 의자에 사람들
고개 숙이고 앉아 있었다

호명 순서대로 한 명씩
다른 방으로 옮겨 갔다

*

한 줌의 어둠은 냉동고 속 썩지 않은 음식 같아서 배가 고플 때면 조금씩 베어 물곤 했다 주검처럼 꽁꽁 언 그것이 입안에서 녹았다

웃고 떠드는 동안
바람이 거세지고

회사를 그만둔 것도
돈이 모이지 않는 것도
모두

시속 180킬로미터로 달리는 자동차

꽃처럼 필 세계

얼굴을 덮을 천이 하얗다는 게 이상하다

                    *

이곳은 머무는 곳이 아닙니다. 지나는 곳이에요. 왕십리나 군자로 향하는 열차에서 외판원들은 목을 가다듬고 잠시 침묵합니다. 오늘도 어제와 같이 아무 일 없게 하소서. 믿는 자가 믿은 자에게 원하는 걸 얻게 하소서.

저편에서 관람차 멈추고
컹컹, 쏟아지는 수백 발의 총알

죽은 이도
태어나지 않은 이도
긴 행렬에 동참했다

그러고 나서
자켓 단추가 사라진 걸 알았다

*

공원을 가로질러 집으로 갔고

아홉 명 중 한 명은 채용되었다

부작용

 이 방엔 악취가 가득하고 네가 두 겹의 이불을 덮고 잠을 자는데 그 표정이 아름답고 깨어 있는 너와는 다르다는 감상 속에서 아름답다는 것은 무엇인지 생각해보아도 알 수 없고 나는 너에게 알 수 없다는 말을 입버릇처럼 하는데 어젯밤에 세계는 폭약과 폭죽 중 무엇과 유사하냐고 네가 물었을 때 그저 모르겠다고 대답한 걸 후회하기도 하지만 지금 고민해도 세계는 여전히 무엇인지 알 수 없고 알 수 없다는 건 알고 싶지 않은 것과 친근하기만 한데 너 역시도 아무것도 알 수 없던 때가 있지 않았나 떠올려보면 지난겨울 밤바다에 발목을 적시며 너는 바다가 이렇게 큰 줄 몰랐다면서 너 자신이 너무 작다고 울먹였는데 왜 나는 그때 아무 말도 해주지 못하고 수평선의 전체를 한눈에 담으려 전력을 다했던 것인지 알 수 없었으나 그것이 우리가 언젠가 마주해야 할 최후의 질문이며 세계라고 말한다면 잠에서 깬 너는 폭약과 폭죽 중에서 무엇을 닮게 될지 예측할 수 없고 너의 꿈이 저 멀리 달아나지 않기를 기도하며 향초에 불을 붙였다 끄기를 반복하더라도 악취는 사라지지 않고 너의 아름다움도 사라지지 않지만 질문은 남아 있는 채로 아침이 오고 잠든 네가 작게 몸을 떨며 경련할 때면 꿈속에서 네가 쫓기고 있다는 망상과 함께 이 방에 존재하는 미량의 시간조차 잠시도 멈추지 않고 다음 풍경으로 넘어가는 동안 공간은 시간을 뒤늦게 쫓아오며 이 방으로부터 나를 밀어내고 밀어내고 온몸으로 하루 종일 파도를 받아내더라도 바다

의 일부분밖에 알 수 없고 알고 싶지 않으니 여전히 세계는 여전히

기다리는 사람

 회사 생활이 힘들다고 우는 너에게 그만두라는 말은 하지 못하고 이젠 어떻게 살아야 하나 고민했다 까무룩 잠이 들었는데 우리에게 의지가 없다는 게 계속 일할 의지 계속 살아갈 의지가 없다는 게 슬펐다 그럴 때마다 서로의 등을 쓰다듬으며 먹고살 궁리 같은 건 흘려보냈다

 어떤 사랑은 마른 수건으로 머리카락의 물기를 털어내는 늦은 밤이고 아픈 등을 주무르면 거기 말고 하며 뒤척이는 늦은 밤이다 미룰 수 있을 때까지 미룬 것은 고작 설거지 따위였다 그사이 곰팡이가 슬었고 주말 동안 개수대에 쌓인 컵과 그릇 등을 씻어 정리했다

 멀쩡해 보여도 이 집에는 곰팡이가 떠다녔다 넓은 집에 살면 베란다에 화분도 여러 개 놓고 고양이도 강아지도 키우고 싶다고 그러려면 얼마의 돈이 필요하고 몇 년은 성실히 일해야 하고 씀씀이를 줄이고 저축도 해야 하는데 우리가 바란 건 이런 게 아니었는데

 키스를 하다가도 우리는 이런 생각에 빠졌다 그만할까 새벽이면 윗집에서 세탁기 소리가 났다 온종일 일하니까 빨래할 시간도 없었을 거야 출근할 때 양말이 없으면 곤란하잖아 원통이 빠르게 회전하고 물 흐르고 심장이 조용히 뛰었다

암벽을 오르던 사람도 중간에 맥이 풀어지면 잠깐 쉬기도 한대 붙어만 있으면 괜찮아 우리에겐 구멍이 하나쯤 있고 그 구멍 속으로 한 계단 한 계단 내려가다 보면 빛도 가느다란 선처럼 보일 테고 마침내 아무것도 없이 어두워질 거라고

우리는 가만히 누워 손과 발이 따듯해지길 기다렸다

안감과 겉감

십 분만 누워 있자
빈 병과 책들 가득하다
마땅히 해야 할 일들
흰 돌과 검은 돌

터널을 빠져나가는 중이었다
저 끝에 빛이 있었다

폭설이다
자본이 지배하는 경제체제가 지속될 거라
라디오 진행자는 말했다
온통 하얗다

미끄러진 차가 사람을 들이박고 뒤집힐 수 있다
내가 현장에 있다
돌진하는 자동차를 피할 수 없다
누군가 부르고 있다

핸들에 얼굴을 묻고 생각해냈다
오래전 죽었을 사람

내가 아주 어렸을 때

아버지와 어머니는 새벽 버스 타고 공장에 갔다
더 어렸을 때
외삼촌이 연탄가스로 죽었다

성당 앞에서 찍은 사진에는
뱀처럼 웃는 내가 있다
두 갈래로 갈라진 혀와
아름다운 성벽이 있다

예은이가 죽었다
스물아홉 살 예은이가 죽어서 친구는 장례식장에 있다

서사

비가 오면 숲에서 숲으로 걸었다
젖은 채로 우리가 재운 레몬청의 향을 맡으면서

어느 봄날엔 너무 외로워져서 유리병과 마주 앉아 밥을 먹은 적 있다
잘 마른 가지를 꺾어 불을 지피는 저녁이었고

어제는 너를 미워하는 이들이 사라지면 좋겠다 생각했다

앉아서 떠난 사람을 눕혀주는 일처럼 머뭇거리다가

연한 풀을 오래 씹듯이 종일 차를 끓여 마셨다
그러나 주변의 풍경이 사위어갈 때

비 내리는 숲속에서 빛이 일렁이고 있었다

다세대주택

대출 신청 서류에는 직업 적는 칸 있다
생계를 유지하기 위해서는 한 가지 이상의 일을 해야 하는데
칸 좁다 햇볕 들지 않는
앙증맞은 단칸방

젊은 부부가 일하러 간 사이 한 아이가 집을 나섰다 그 아이는 검고 붉은 얼굴 때문에 수줍게 웃었다 푸르뎅뎅한 목덜미 때문에 골목의 아이들에게 괴물이라 불렸다

더는 널 사랑하지 않아 네가 말했다 나는 네 앞을 가로막았다
크게 달라지는 건 없었다 허탈하지도 않고 고요했다

"죄송합니다. 사고가 나서……."
꽉 막힌 도로에서 보험사 직원 기다리며 회사에 전화했다
누군가 떠날 때마다 마음 깊이 담아두면 편히 살 수 없다
아무 일도 없었던 것처럼
세상이 이상하다 내가 이상하다

오늘내일 죽어도 슬프지 않다니 글쎄……
머리카락이 바람에 날려 어정쩡하다

어제의 꿈은 오늘의 착란

소음 속에서 귀를 막으면 파도 소리가 들리나요
손가락을 죄다 자른다면 더는 편지를 적지 않아도 되나요 모든 편지에는
그립고 슬프다는 말을 적어야 하나요

밤하늘도 저렇게 많은 알약을 삼켰다고 하지 않았나요
박하잎을 씹으면 두 눈이 시큰거려요 발끝에서 바다가 죽어가요
어젯밤 꿈은 전부 증발해버렸는데
어지러워요
나는 어지러운 사람이에요

무엇을 말해야 하나요 무엇을 듣고 싶나요
귀를 막으면 알 수 있나요 귀를 막고 눈이 멀면
손끝이 예민해지나요 무엇을 만져야 하나요
무엇이었나요 어둠 속에서
내가 더듬거렸던 것은

끝, 눈물, 다음에 계속

물밀 듯이 밀려오는 건 무엇이었을까요 눈앞을 가리는 건 꼭 눈물이어야 하나요

볼 수 없다면 눈먼 사람이 되는 게 나을까요

독서를 하다가도 문득 견딜 수 없어져서
책을 펼친 채로 덮어두면 날갯짓 소리가 들려요
영화는 어떤가요 재생하면 할수록 많은 사람들이 슬퍼하고
사랑을 나누고
나는 여러 인물에게 감정을 대입해요 오래 살았다는 망상
을 하곤 해요
결국 머릿속은 엉망진창이 되는 건가요

아직 끝이 나지 않았는데도
우는 사람이 왜 이리도 많은 걸까요

그러나 편지를 쓰는 동안 몇 개의 계절이 지나갔다 나는 누구의 선생도 되지 못할 것이며 사실 네가 나에게 가르쳤던 장르는 마음이 아니었을까 생각했다 위세척을 마치고 돌아오는 길이던 여름은 길고 길어서 끝이 나지 않을 것만 같았고 그게 나의 장르라고 추측했다 나무가 햇빛을 조각내는 동안에도 내가 할 수 있는 건 그저 편지를 적는 것 적어놓고 보내지 않는 것
스스로 읽어보는 것 내가 어떤 사람인지
이해하기 위해

가끔은 저항하기 위해
행간의 공백을 들여다보는 것
멍하니 죽기를 기다리는 것 우리 중 하나는
조각날 거라 기대하는 것

끝과 눈물과 다음이 계속된다면

우리 서로 끌어안을까요
겹쳐질 수 있나요 두 개의 심장이 가까워지면
무엇을 들을 수 있나요 어둠 속에서
내가 너의 얼굴을 더듬거렸다고 믿었던,
그 순간에
너는 무엇을 듣고 있었나요

여름이 지나가요
온 동네를 뛰어다니다 머리를 붙잡고 뒹굴어요
현악기가 머릿속을 가득 메워요

잠이 와요
꿈속에선 손 닿는 것마다 시들어가요 온몸에 피부병이 도지고
붉은 반점마다 꽃을 그리려는 사람이 있어요

길 잃은 모든 동물들은 미치기 시작해요 자신의 앞발을 뜯어 먹고
꼬리를 잘라 거리에 던져두어요
거리의 사람들이 나를 쳐다봐요
꿈이라는 걸 알아챈 듯이

음악이 꺼져도 춤을 추는 이가 있을까요 있다면
그는 무엇이 그렇게도 그립고 슬픈 걸까요
끝이 나고 눈물을 흘려도 정말
다음은 계속되는 걸까요

어지러워요
끝내 너는 어지럽지 않은 사람이 되었나요
벌써 그렇게 많은 계절이 지났나요

복잡한 일

너는 어느 외국 작가의 출생 연도를 잘못 표기했다는 이유로 죽고 싶다고 했다
고작 그런 이유로 죽음을 택하기도 한다 나는 일이 힘들어서 버는 돈이 적어서 집이 좁아서 책 둘 곳이 없어서 요리를 하면 냄새가 빠지지 않아서 혼자 살아서 문득 외로워져서 어디야 뭐 해 묻는 네게 뭐라고 해야 할지 몰라서 죽는 게 무서워서
깊은 잠에 빠졌다

세상은 망하지 않았고
내가 아무도 아니라고 믿게 되었다
사무 의자에 앉아 원고 뭉치를 뒤적였다
열여덟 명의 사상자가 발생한 사건 현장에선 매캐한 냄새가 났고 출입구 곳곳에 혈흔이 발견됐다

대출이자와 신용카드 대금 각종 공과금 외에도 마땅한 도리 책임 그리고
아득해지는 삶

좌변기에 앉아 깊은 생각에 빠진 네가 소리를 질렀다 네가 가리킨 건 바퀴벌레였다 그것은 바로 서기 위해 아등바등하고 있었다
시뻘건 곰팡이가 타일 바닥을 뒤덮고 있었다

구름 한 점 없이 화창한 날이었다 창문 앞에 서서 아래를 내려다보았다 겨우 벽 하나 두고 삶과 죽음이 나뉘는구나 어렴풋이 누군가 손을 흔들고

누가 말리지 않았다면 너는 어떻게 되었을까 그런데 죽은 이는 무얼 하며 시간을 보낼까 남을 놀래키고 까르르 웃을까

강가를 걸을 때마다
그날의 장면이 떠올랐다

그린란드로 보내는 편지

안녕
우리, 만날까요
바다가 좋겠어요 아니 끝도 없는 들판이요
하염없이 눈이 쏟아진다는 나라를 마음에 들어 할까요
당신은 나의 목을 졸라도 괜찮고
당신은 당신의 칼을 씻지 않아도 괜찮아요
지난 꿈속에선 내가 눈을 맞고 서 있더군요 눈 닿는 피부마다
화상을 입고 나는 온몸에 구멍이 뚫린 듯
물을 쏟아냈지요 투명하고 짜고 검붉은 꿈속에서 죽어가는 동안
내가 생각한 건 당신이 아니라 당신의 이름이었는데
끝이 없더군요 지겨워
지겹고 지겨워서
나는 흔적도 없이 사라지는 방법에 대해 생각했어요 멍청하게도
며칠 전에는 다들 비웃더라고요 죽고 싶다고,
죽여버리고 싶다고 내가 말하니까
사람들이 웃음을 터뜨리잖아요 진작 옆구리 깊숙이 칼을 밀어 넣어야 했었는데
우리가 서로의 벗은 몸을 봤을 때처럼
수치스러웠지요 내가 다 미안해요

미안했지 당신은 자꾸 나를 나아지고 싶게 만드니까

살고 싶다는 생각을 만들게 하잖아요

당신을 만나고 돌아오는 길이면 나의 몸과 마음이 빛으로 펼쳐지고 나도 이렇게 다채로울 수 있구나 그런 걸 이해했어요

이렇게 갈라질 수도 있구나

이렇게 흩어져도 괜찮은 일이겠구나

가끔은 나 자신이 증오스러워요 사람들 앞에서 웃으며 나의 슬픔을 팔죠 그 슬픔이 매우 사소한 것이라는 듯이

혼란스러워서

혼란스러워

그런데도 우리, 만나도 괜찮은 걸까요

방에 홀로 앉아 있다가도 나는 한숨과 함께

당신의 이름을 발음하기도 해요

비에 젖은 아이가 현관문을 열어젖히고 바닥을 적시던 때도 있었지요 타월로 팔다리며 등허리며 발가락이며 닦아내는데

큰 소리로 웃더라고요 폭우가 내리더라고요 귀가 아파, 누군가가 중얼거려도

우리가 어딘가로 떠날 날이 오긴 하는 걸까요

활주로는 항상 빛나는 걸까요 바닥에 드러누워 비행기의 온전한 전체를 확인하고

갑작스럽게 멀어지는 하늘, 멀리 달아나는 건 비행기가 아니

라 우리라며
　　서로를 안심시킬 수 있을까요
　　언제든 이곳을 떠나도 좋아요 손을 마주잡은 채
　　양 떼를 몰며 목장을 가꾸고
　　긴 가지를 골라 꺾어 지팡이 삼아 걷는 일상
　　당신 앞에서 나는 어려지니까
　　울거나 웃으며 당신의 품에 모든 표정을 묻어놓는 일 가슴을 망가뜨리는 일
　　당장이라도 증발할 듯
　　그러나
　　그러나
　　미래, 그곳에서
　　우리, 만날까요
　　내가 당신의 칼을 씻을게요
　　그대는 내게 답신하지 않아도 좋아요
　　안녕

열대야

사랑이 사랑도 아닐 때까지 사랑을 한다

네가 물들인 내 밤이 너무 많다

전극적으로 별일 없이 해거름이 옮아가고 있다

우리는 각자 다른 야경을 바라본다

내일 전쟁이 일어난다면 행복한 사람들이 가장 먼저 울겠지

지난 주말에는 시외버스를 타고 외지의 동물원으로 소풍을 갔다

가끔히 쓰러진 기린을 구경했다

종례

성실히 일하고 바르게 살아야 한다 얘기할 땐
너희가 시간을 낭비하게 될까 봐
언젠가 이 일을 그만둬야겠다 다짐하고

그런 날은 혼자
맥주 한 캔에 통닭을 뜯어 먹으며
다신 그러지 말자
시간을 헛되게 쓰지 말자 되뇌고

뼈를 모았다
우리는 물에 잠긴 거나 마찬가지잖아

모든 게 잘못된 곳에 놓여 있어서
나는 그것을 어떻게 설명해야 할지 고민했다

정작 교실은 평온해 보였다
눈앞에서 우리의 집이 불타는 걸 보았는데도
우리 중 몇 명이 사라졌는데도

사라진 그들이
내일은 가장 먼저 교실에 모일 것처럼
창가에 화분들이 줄지어 있었다

잠든 내가 목격한 것은 이러했다
아이는 의자에 앉아 생각에 잠겨 있었고 무릎에는 토해
낸 것들이 가득했다 토사물이 무릎 사이로 흘러 바닥에 고였
다 구멍 하나가 아이에게 말했다
도대체 무엇 때문에 인간은 인간이 옳다고 생각하는 걸까
힘센 아이가 힘 약한 아이를 괴롭히는 것은 잘못되었다
자본가가 노동자를 착취하는 것은 잘못되었다

딱딱한 물체가 서로 몸을 부딪칠 때 비로소 불꽃은 탄생하
지 씨껍질을 뚫고 싹을 피우기까지 흙 속의 씨앗은 수많은 것
과 마주해야만 한단다

나는 베개 끝에 머리를 대고
만기일 따위를 헤아려보며 기도했다
검붉은 철봉에 매달려 있는 우리가 무사하길

자전거가 교각 밑을 지났다
공터에 널브러진 자재가 있었다
구부러진 철근과
한편에 크레인
고물이 산처럼 쌓여 있었다

해열

붉다는 말이 사라졌으면 좋겠어 물든 귀가 덜 애처로워 보일지도
더 슬퍼질지도 모른다
언젠가 너는
아무것도 사라지지 않았는데 아무도 없는
낮 위에서

우리를 가린 나무도 그만 자라게 할 수 있다는 듯이

확신에 찬 눈빛으로

그림자만 바라보고 있었지

승진

어제도 엊그제도
몹시 피곤한 오늘도
너는 운다
너랑 사는 건 행복했는데
할 일과 해야 할 일 때문에
문 열면
운동화 쓰레기봉투
텅 빈 마음 페트병 유리병
종이 박스

맞한 것 같다
끄적이는 인생은
만개한 꽃
꽉 막힌 도로에서
김밥 까먹고
라디오 볼륨 높이고
그래도 나오니까 좋지
저기 봐
터널 앞
달가진 승용차들
비상등
붉다

누군가 나를 미워하면
내가 무슨 실수라도 한 걸까
꼬리를 물다가
화재경보기 울렸다
알려드립니다
화재가 발생했습니다
피난 출구로 대피하시길 바랍니다
네 손 잡고
엘리베이터와 비상구 앞에서
비몽사몽 헤매다가
밖이
고요하다는 사실을
알았다

갑자기 멈춰 선 트럭
그 옆을 지나는데
두 손으로 핸들을 붙잡고
꼼짝하지 않는 운전수
뒤에서
널 안고 사랑한다
사랑한다 했다

계속 울 순 없다
삶은 계속되고
한없이 바다을 향해
가라앉는 기분으로
나를 망쳐버리고 싶었지만
그런 일은
종종 있다

병원에 입원한 아버지가
푸드코트에서
메뉴를 고르다가
손바닥으로 왼눈 가리고
말씀하셨다
두 눈 가린 듯
깜깜하구나
다 닳은 밑창은 떼어내고
마음먹은 것처럼
죄 없이 살 수 있을까

다정한 너도
올해는 넘기기 힘들 것 같다며
이브자리 정리하고

머리카락 쓸어 담고
스트레스 때문이지
조금 쉬면 괜찮아질 거라고
창문 활짝 연다
망치로 내려쳐도 멀쩡한 걱정들
나는 먹다 남은 피자 조각을
한곳에 담고서
내일 먹으면 되겠다
반히 말했다

3부

뒤돌아보지 않기를

우리 밤

밤이 정겨워 우리는 달 아래서 손을 마주잡았다 밤의 끝이 입가에 걸릴 때면 서로 송곳니의 질감과 형태에 대해 떠들었다

산 자의 관을 운구한다는 이방인들이 한 손에 램프를 쥔 채 현관문을 두들기곤 했으나 우리는 우리의 거실에 묘목을 심으며 사랑하였다 죽은 천사의 서사를 지어냈고 수많은 깃털을 그리다 쪽잠에 빠지는 새벽

우리가 끝없이 작아져 사라질까 봐 겁이 났다 로마네스크 양식으로 건축된 수도원 앞에서 이국의 언어를 듣고 있으면 우리는 우리의 이름을 잊기도 했다 마음 안으로 읊조리는 기도의 음성은 점점 고요해지고

방금 보았니 가오리 모양 가면을 쓴 아이가 녹슨 중국 칼을 들고 춤추고 있는 장면 우리는 백색 소음 짙은 라디오에서 마리아나 해구에 얽힌 몇 가지 비극을 들었다 너도 보았니 너도 들었어? 이것은 깊이에 대한 이야기라는 걸 알고 있었지만

머리끝까지 이불을 뒤집어쓰면 밤보다 컴컴한 어둠이 있었고 그 조도를 묘사하는 데에 매번 실패했다 그러나 누군가는 계속해서 우리의 현관문을 두들기고 그러면 창밖은 환해지는데

우리는 나무에 이름을 붙여준 몇 안 되는 사람일지도 몰랐다 입을 맞추다 문득 서로의 이가 부딪쳤을 때 잠깐 침묵, 그리고 천사도 죽을 수 있다는 환상을 희미하게, 아주 조금만 믿기로 합의했다

처마

네가 관 속에 누워 있는 꿈을 꾸었다

연한 뼈를 가지런히 모으고 비를 맞아도 눈을 감지 않는 그것이
사랑이라 느꼈다

흰 발목으로 풀뱀이 머리를 들이밀도록 청이끼만 무성해지고

손을 뻗으면 닿을 것도 같았는데

iloveyouthatstheproblem

유리로 만든 정원에서
발밑으로 물고기가 떼로 지나간다 구름의 개수를 세어가며
사탕으로 조각나는 빛, 너는 정원 바닥 밑에서 흐르는 물결을 바라보고

이곳은 모든 것이 조각 날 것 같아서
흙 대신 유리 바닥으로,
꽃 대신 유리 장미가,
새 대신 유리 새의 조각상…… 마음을 가진 건 우리뿐이라고, 너는 그게 다행이라는 듯이 웃는데

정원 바깥에는 출입 금지의 숲, 그곳에 들어섰던 사람들은 모두 미쳤거나 죽었다고 했다 일화에 따르면 내면에 존재하는 최대치의 공포를 마주할 수 있대, 너는 담장 너머로 그곳을 들여다본다

유리 꽃을 꺾고. 조각을 밟으면 과거에 쏟아졌던 비명이 들린다 나는 눈을 감았어 이 정원이 징조도 없이 무너져 내리는 악몽을 상영했지 울다가 죽은 사람은 슬픔에 젖은 영혼이 된대, 듣고 있어? 너는 어느 짐승을 본떠 만든 조각상 앞에서, 얘가 울고 있어, 말한다

언젠가 너는 내 곁을 떠나겠다고 했다 그건 너의 마음을 이해해달라는 뜻 그러나 나는 모르겠어 눈을 뜨고 빛을 확인하는 게 아니라 그 반대여야 하는 이유를, 잠들기 전까지 하늘이 얼마나 어두워질 수 있는지 가늠해야 하는 이유를…… 네가 너의 마음을 말해주지 않으면 나는 모른다 비극은 미래를 앞질러 우리 앞에 당도하고

저 조각상과 우리는 무엇이 다른 걸까 울지 못하는 유리 새와 울음을 참는 내가 무엇이 다르냐고, 그런 생각에 빠질 때마다 나는 엎드려 누운 채로 정원의 바닥을 바라본다 물결 위로 입김이 피었다가 진다 물고기들이 꽃잎을 갉아 먹는다

너는 숲이 보여주는 공포에 대해 몇 가지 추측을 내놓았다 마음이 죽는 것, 모든 과거를 잊게 되는 것, 자신을 잃어버리는 일, 아이와 악마를 동일시하는 것, 사라지는 미래, 열리지 않는 문, 끝없는 발작, 입술이 풀어놓는 신음, 눈꺼풀은 경련한다, 눈꺼풀은 경련한다, 손발이 떨리면, 새로운 슬픔이 우리의 슬픔을 밀어낼 때, 그리고, 그리고……

그렇게

시간이 영원에 가까워질 때…… 나는 숲에서 무엇을 마주하

게 될지 상상하다가, 너는 나의 머리를 쓰다듬고, 미안해 이러고 싶지 않았는데 정말 미안해, 나는 울음을 그치지 못했다 어느 나두에 목 매달린 채 좌우로 흔들리는 네가 있을까 보-
    너의 영혼이
    나보다 먼저 슬픔에 젖게 될까 봐

멈블

내가 거짓을 말할 때에도
사람들은 까무러치게 웃는다

어느 날부터
나는 마음 속 창문 하나를 여닫으며
눈을 껌뻑이고 앉아 있기 시작했습니다
대화로 범람하는 소음 속에서
눈을 감고 표류하는 상상을 하곤 합니다
누군가의 관자놀이에 방아쇠를 당기는 장면
작고 붉은 벌레 떼가
그의 몸을 기어 다닐 텐데

밤하늘에선 폭죽이 터지던데요
굉음이 고막을 때리고 머리통을 흔들던데요

오늘의 밤이 끝날 때까지……

문득 어떤 이의 유언이 떠오르는 건 무슨 이유일까

셀 수 없는 폭죽이 터지는데

당신은 누구입니까 우리들은 서로의 이름을 묻고 이름을 말

한다 운 사람은 아무도 없는데 나 홀로 젖어 있다 물속도 아닌
데 걷는 것조차 힘들더군요 누군가가 나를 매달아 흔드는 것 같
더군요 신의 지하실에 들어서면 인간들이 떠들고 있다 고기
를 씹고 술을 마시고 있다 너무 추워 눅눅하고 차가워, 나는 한
마디도 발음하기 어려워서 입을 다물 뿐

    조금 특별하고 조금 시끄럽게
    소란스럽게

    대화가 계속되어서
    밤이 끝나지 않겠지만

    사람들은 내게 묻는다, 그저 인간은 하나의 볼트 같은 게 아
닐까요

    흔들리는 머리를 붙잡지 않는 것 샴쌍둥이를 상상하며
    하나의 머리만 흔들리고 있다고 여기는 것
    두 개의 입을 가졌으나
    하나의 입으로 말한다고 믿는 것
    절반의 발음으로,
    그래서 나의 목소리가 망가진다고 믿는 것
    겨우 이런 게 진심이라고,

하나의 입이 말한다
나머지 입으로 무엇을 해야 하는 걸까요

그만,

그만 흔들리고 누구든 붙잡아주길 바라는데

하나의 머리를 흔들면 세상이 송두리째 기울어진다 잔이 엎어지고 테이블이 젖는다 눈을 감고 뜨고, 창문을 닫았다가 열고, 표류하는 동안 조도가 바뀐다 낮과 밤이 뒤바뀐다 뒤바뀐 건 누구의 마음이었지? 두 개의 마음을 가지면 공포가 배로 커진다는 구절을 읽는다 신은 모조품으로 만든 인간들을 지하실에 박아두고 어디서 무얼 씹고 마시고 있나 마음을 고정시키기 위한 볼트는 어디에 있는지도 모른 채……

마음 바깥에서 폭죽이 터지고 있다

셀 수 없는 벌레들이 당신의 구멍을 드나드는 동안

마음을 열면 창문 하나가 보이고
창문을 열면 표류하는 이가 보이는데

조금 특별하고 조금 시끄럽게
소란스럽게

문득 어떤 이의 슬픔이 떠오르는 건 무슨 이유일까

밤하늘의 폭죽이 끝날 때까지……

그런 나
꿈에서는 당신이 태아인 나에게 총구를 겨누고 있었습니다
당신에게 무언가를 말하려는
나에게

지식보다 거대한 우주에는ˋ

　윤의 반 평짜리 작업실에는 의자가 하나 기타가 한 대 노트북과 소박한 녹음 장비 그리고 보라색 트렁크 먹다 남은 소보로빵 인스턴트커피 팔월의 끝 첫 앨범 한 번 들을 때마다 발생하는 사 원의 사용료 나무와 흙 양과 밀 코듀로이 셔츠 그 외에도 홀랑 까먹은 보증금 백만 원 거리에 내앉을 위기 주전자 물 끓이는 소리 또 노래하는 윤 작디작은 윤 아이스크림이 녹는 줄도 모르고 생각에 빠진 윤 전자 담배 전자 피아노 새벽 다섯 시 혹은 텅 빈 자유로 같은 게 있었다.
　꿈속에서 윤은 늘 쫓기는 사람이었다. 잠든 윤은 식은땀을 흘리며 일그러졌다. 살려주세요 소리치며 잠에서 깰 때 나는 윤을 끌어안고 젖은 머리카락을 귀 뒤로 넘겨주었다. 아둔한 사람은 겪어보지 않으면 아무것도 모르는 사람이라고 그래서 슬픔도 기쁨도 겪지 않으면 모르고 모든 것이 지나간 뒤에 울고 웃는 사람이라고 윤이 말했다. 그런데 윤아, 너는 왜 죽은 나무 밑에서 자고 있니. 나는 윤의 어깨를 흔들어 깨웠다.

ˋ 이승윤, 「지식보다 거대한 우주에는」, 『무얼 훔치지』, 2016.

재생

영에게는 갚아야 할 돈이 있다
차일피일 미루다가 겨울 오고 도시가스 요금 쌓이고 돈 들어올 구멍 없다

내년에는 다를 거다, 영과 나는 백면을 빼곡히 채운다 며칠째 록이 자고 있다 빈속으로 자는 록의 어깨를 흔든다

*

불어난 강물에 가축들이 떠내려간다
발버둥 치는 돼지, 바들바들 떠는 닭, 눈알이 뒤집힌 개와 고양이
철장에는 귀여운 토끼가
파란 트럭에는 사람이

좀이 깊다
나는 벌써 잠보다 멀리 가 있다

되풀이되는 꿈의 속편에서
우리는 언제나 죽음을 맞이했다

록이 촬영장 뒤에서 불만을 토로하며

내 삶이 죽음 따위로 완성된다면 죽지 않겠어
차라리 벽에 똥을 칠하는 게 낫다 말했다 그러나
속편의 속편에서도 그것의 속편에서도 어쩔 수 없었다

(록이 출연한 십여 편의 장편영화 중 가장 흥행한 작품은 <The Boring & Wonderful Life>다. 록은 오클라호마 출신 재즈 음악가를 연기했다. 그는 그에게 닥친 시련을 극복하지 못하고 약물 중독으로 사망했다.)

*

편지 말미에 영이 적었다

우리는 잘못된 길을 걷고 있다 돌아가기엔 늦은 거 같다
불타는 국회의사당과
허물어지는 청와대
수많은 병사가 거리를 메우고 있다

나는 밥상머리에 앉아 말없이 국을 떴다

*

    일곱의 첫날은 독서실에서 보냈다. 종일 그곳에 있었다. 그렇게 첫날이 갔다. 좋은 사람이 되자, 다짐하며 공책 종이를 찢어버렸다.

악어

낡은 쾌속선이 드나드는 항구에서 더는 입항하는 배를 목격하지 못했을 때

그곳은 지명을 잃었지만 우리는 우리 감정을 내려놓을 수 없었다 묘원을 돌아다니며 무덤 하나하나에 조화를 꽂아 넣었다 이름 모를 나비가 무덤가에 앉았다 날아가는데 그 나비가 누구의 영혼인지 알 것 같았고

혈색 없는 얼굴의 행인이 안부를 물었으나 우린 그를 위해 향초에 성냥불을 붙였을 뿐 어느 슬픔도 내비치지 않았다 그것은 우리에게 작은 죄책감을 심어주었는데

묘원을 벗어날 때까지 우리는 뒤돌아보지 않기를 약속한다 하지만 영혼이 되돌아오지 않으면 어떡해? 정말 돌아오지 않으면 우린 지금보다 얼마나 더 슬프게 될까 우리가 몇 그램의 죄를 인정하고 살아야 하는지 누구도 알려주지 않았다

거리는 이전과 다를 것 없이 평온해 보였다 작은 생채기마다 심은 죄책감이 죽은 꽃으로 자라났으면 좋겠다 뿌리 끝까지 썩은 꽃이 우리를 아프게 한다면

정원에 서서 퇴원하는 사람을 바라본다 그는 누군가의 동

생, 누군가의 자식이자 누군가의 친구였으며 그러나 우리는 그에게 무엇이라고 이렇게 소매를 적시고 있나 죽은 사람은 돌아오지 않아요, 누군가가 귓속말을 속삭이고 사라진다 꽃줄기를 씹어 먹던 중환자들이 동시에 우릴 쳐다보는데

 탈출한 사람보다 가라앉은 사람이 더 많다는 소식을 들은 그 계절, 초행길이라며 방향을 묻는 아이의 슬픔에 개입했다가, 그 누구도 미래 날씨를 예측하지 못했어요, 말해주었다 그것이 우리 지옥의 수기였다

미래진행

거리의 흰 여름은 해변 끝에서 밀려왔다 쓸려 가고

지구가 있다

무사히 열대를 건축할 때마다 게스트하우스에 칠해져 바닷물만 나누어 먹는 미성년들 하나의

우리는 열사병이다
이국의 해수욕장에서 죽음을 연습하고
낯선 중앙선을 따라 교복의 맥박으로 휘청거리다 헤드라이트에 머리카락 적셔지듯 끝나지 않을 방학이다
이곳이 장마

신기루로 푸릇하면 인생에서 무중력만 골라 아름다울 수 있다

우주가 돌아서 슬프다

늙어도 힙합이나 아이돌을 좋아할 수 있을까 미래학자는 영원히 미래학자인가
더 이상 추하고 싶지 않아서 환각을 터뜨리다가 그루피 혹은 히치하이커로 익사할 수 있을 것이다

파도를 참는 표정과 몸짓의 사생아들을 가장 먼 행성으로 놓칠 때
　아두것도 이해하지 못한 척했다 어린 묘지들로부터 달려가며 파열하는 국경에서
　섬망하다가

　거킈의 아름다움은 거리에 있다 너와 나를 죽이는 절정에 세상은 실패했다

　불을 끄고 손목을 놓았다

겁

　두 눈 감으면 창문 앞에 내가 있고 나는 조금 망설이다가 창틀 위에 섰다 벌인 일도 밀린 일도 그대로 두고 펑 하고 기둥에 차를 박았다 닦는다고 나아지는 것도 아닌데 쪼그려 앉아 찌그러진 범퍼를 문질렀다 좋은 일은 하나 없었다 곰곰 생각해보면 나쁜 일도 하나 없었다 어디에 있는 걸까 나는 우편함에 꽂힌 청구서를 보는 게 소름 끼쳤다 검은 연기가 하늘을 뒤덮었다 무너지는 집 불타는 사람 나는 전부 말하고 싶었다 커다란 여행 가방 끌고 집을 나섰다 미래는 늘 약속한 시간보다 늦었다 매표소에는 사람들이 늘어서 있었다 열차를 탄 사람도 표를 구하지 못한 사람도 말하지 않고 불행이 가능했다 저기요 하는 말소리에 까무러치게 놀랐다 나에겐 시간이 없다 더 나은 사람이 되어야 한다 나는 가끔 누군가의 곁에 있었고 슬펐다 고주망태가 될 때까지 살 판과 죽을 판을 오가며 술을 퍼붓고 휘파람을 불었다 벌써 귀신이 된 기분으로

　춤을 추는 내가 있었다

마음 편지

1.
커튼을 치다가 그런 생각이 들었어
왜 편지는 오직 한 명을 위해 써야 할까

펜을 쥐면
나는 숨을 쉬었다가 뱉었다가를
반복하고

오늘 나는 한 통의 편지를 적는다 나의 친구들, 멍청하고 연약한
모두를 위해

2.
종종 세상에는 순서가 정해진 일들이 있는 것처럼 느껴졌다 어제는 검은 얼굴을 한 사내가 안부를 물었고 숲이 통째로 흔들렸지 하늘을 오래 바라봤어 수화기 너머에선 동쪽 사람들이 일몰을 보며 아름다운 성질에 대해 말했지만 이곳의 구름은 어둡고 깨질 것 같았는데

너희들에게 안녕, 이것은 내가 처음으로 배운 마음, 그거 알아? 마음이라는 게 존재할 것 같지 않을 정도로 어렸을 때 우

리 부모님은 서로에게 존댓말을 썼대 하루 종일 동네 아이들과 골목을 뛰어다녔지 햇볕은 뜨겁고 현기증이 한차례 끓고 나면 어디선가 들리는 피아노 선율에 두리번거리곤 했지 우리를 훔쳐보는 해바라기, 관자놀이에서 펄떡이던 혈관

  병의 증상을 적는 칸에 퍼즐이라 적었다고 그녀에게 말했다 자꾸 흩어지고 모이는 조각들이 떠올랐다고 했다 우리에 대해 말하는 거니, 그녀는 웃었지만 나는 어떤 총체에 대해 말하려 애썼고 그러나 총체라는 것은 표현하면 할수록 조각나고 부서지는 게 아닐까 우리의 사랑, 우리의 증오, 우리의 과거와 현재, 그리고 우리가 나아가는 모든 시간을 겹쳐놓는 것 장면을 겹치고 겹치면 선명해지지 않고 흐려진다 마음 마음, 이 단어는 슬프지?

  학교를 떠올리면 나는 우리의 장면이 따라오곤 해 가장 먼저 교실에 도착해 창문을 열어두던 친구, 너의 이름은 무엇이었을까 모두가 운동장으로 나간 체육 시간, 미열 속에서 잠든 나의 뒷목을 매만지던 찬 손의 주인은 누구였을까 바람결에 하늘거리는 커튼을 바라보는 걸 좋아했을까 조금만 더 버티면 같이 죽어주겠다던 친구는 어디 갔지? 자신의 플레이리스트를 적어 소설책 사이에 끼워주던 네가 누구였는지
  기억나지 않았다

너희 중 누구였을까

정말
멍청하다, 그치

3.
"그가 숨을 못 쉴 때까지 그렇게 했어요."

나는 그녀의 이야기를 들으며 '숨을 못 쉴 때까지'가 아니라 안 쉴 때까지 그렇게 했다는 게 더 어울리지 않을까 생각했다

저도 그런 적이 있어요
누구의 호흡을 막았어요?
저의 호흡이 잠깐 멎었어요

"사랑했어요?"

사랑했어요, 대답했지만 그녀가 창밖을 보고 있어서 눈을 마주치지 못했다 그리고 의문이 시작되었다, 그런데 사랑이 무엇이지? 그게 뭐라고 누군가를 죽이고 죽이려 하고 누

군가를 살리는 거지? 그래도 되는 거야? 사랑하면 모든 걸 주고 싶으니까? 살의까지 주고 싶은 거야? 사랑하니까?

멍청하게도

나는 편지를 적었어요 사랑하니까

4.
'숲이 통째로 흔들리는 날이었다. 그들은 나를 서쪽 사람이라 불렀다. 수화기 너머로 기도하는 중얼거림이 들려왔다. 그 순간 문득 무언가를 깨달았는데 그것을 옮겨 적는 데에 실패했다. 기도하는 건 그들이었는데 내가 자꾸 흔들리고 있었다. 얼굴 위로 드리우는 그림자가 느껴졌다.'

내가 편지를 적어야 너희가 있다
내가 여기서 펜을 놓으면

나는 숨을 쉬었다가 뱉었다가 쉬었다가 뱉었다가를
반복하다가

중지했다가

반복했다
멍청하다, 그치

진단

 토할 때까지 음식을 구겨 넣지 마세요, 술을 줄이세요, 담배를 피웁니까, 가족과는 화목하군요, 애인이 있습니까, 미래에 무엇을 하고 싶습니까, 어때요, 어렵진 않나요, 극단적인가요,

 왜 죽고 싶습니까,

 ……모르겠다고 했어 죽고 싶은지 아닌지도 모르겠는데 이유를 말하라면 더 모르겠고 그걸 확인하려고 그곳에 갔었어 그날은 오래 걸었지 모르는 길을 걸으면 모르는 장소가 생기고 정서가 생기는데 어떤 이름을 붙여야 할까 넌 알아? 멀리 걸어서 먼 곳까지 갔다는 너는 정답을 알아? 나는 종종 공원에 앉아 바닥을 쪼는 새들이 날아오르길 기다린다 일제히 날아오르는 광경, 너와 함께 본다면 좋을 텐데

 네가 내 손을 잡던 때를 기억한다 어깨를 감싸고 괜찮아 긴장하지 마, 그런 목소리가 다정해서 나는 네가 떠들도록 내버려두었다 너의 손목이 차갑고 딱딱한 게 시체 같았는데 너는 내 굳은 표정을 보곤 시체 같다고 했지 넌 말이 많구나 나는 잘 들어주는 사람, 잘 듣는 척을 하는 사람 너의 걱정을 듣는 척하며 머릿속에서 시나리오 한 편을 작성했다 다정한 시체 다정하지 않은 시체

우리는 기나긴 사람들의 행렬 끝에서 걸었다 왜 걷는지는 몰랐으나 누군가를 죽이자는 말을 자꾸 들었다 너는 내가 가방을 너무 낮게 멘다고 말했고 나는 그렇게 메는 게 좋다고 했다 가방에 뭐가 들었어? 칼, 모두를 죽이려고, 너와 함께 모두를 죽이고 싶어, 대답했을 때 너는 우리의 꿈이 같다며 씩 웃었다 같이 외쳤지 누군지도 모르는 사람을 죽이자고, 전부 그어버리자고,

깃발을 높게 들며,

그러나 부족해요, 저번과 달라진 게 있나요, 잠은 잘 잡니까, 어떤 꿈을 꾸나요, 아까 말한 죄책감은 무엇에 대한 죄책감입니까, 운동을 합니까, 좀 하세요, 되도록 수영이나 달리기 같은 혼자 하는 운동을……

그리고
기념일마다 구입한 다육식물, 줄 지어 서 있는 화분들, 그것에 대해
너에게 말하지 않았다

한쪽 벽에 쌓아놓은 책들
가끔은 무너지기도 했는데

네가 추천한 영화 속 주인공들은 모두 버림받고 떠났기 때문에 나는 네가 사라질까 봐 겁이 났다 그것은 너와 잘 어울린다 너는 창문으로 빛을 물어온 새가 지저귀는 장면을 본 것처럼 말하고 가끔은 전 지구적인 윤리에 대해서 말한다 있지, 가끔은 우리가 좀 더 일찍 만났으면 어땠을까를 상상하곤 해 네가 나를 더 일찍 가르치고, 내가 너를 망가뜨리는 꿈을 수도 없이 꿨어 그리고 아주 가끔은

너에게 참을 수 없는 살의를 품는 꿈

새들이 날아오르는 날
가방 속 칼 하나를 품고
너를 쫓아가겠다고

심한 몸살을 앓다 깨어났을 때 노트에는 다음과 같이 적혀 있었다
기억에 없는 글이었다
'한파가 끝나지 않는 계절, 너는 내 뺨을 치고 달아났다. 거리에서 동냥을 하던 이들이 모두 얼어 죽은 뒤의 일이었다. 나는 홀로 눈보라 속을 서성이다 집으로 돌아갔다. 거리에 주차된 차들을 열쇠로 그으면서. 그것을 보고 네가 찾아올까 봐. 그

러나 그런 일은 일어나지 않는다. 나는 동사한 이들의 신발을 걷어차면서, 멀리 날아가길 바라면서 속으로 되뇌었다, 너희는 내내 신성하여라, 신성한 곳으로……'

참아야 합니다, 동물을 키워보세요, 사랑을 해보세요, 소문을 만들어보세요, 거짓말을 하세요, 거짓말을 숨기는 더 큰 거짓말과, 그리고, 그리고……

고쳐 묶은 신발 끈이 자꾸 풀린다
그래도 묶고 또 묶으며

너는 돌아오지 않겠지만

하루에도 수없이 뒤집어지는 마음속에서
이상해
잠이 쏟아져,
죽은 너의 단면을 상상했다

파도 앞에 선 사람

오늘과 내일
쓸데없는 이야기
아무도 미워하지 않고
하염없이
십 년 뒤

마카벨리傳

1.
그는 깃발에 적었다
당신이 아이들에게 물려준 혐오가 모두를 망친다

2.
몹시 추운 겨울 한 부랑자가
공중화장실 대변기에 앉아 잠들었다
다음 날 그 사람은 죽은 채 발견되었다

그는 그 사건의 최초 목격자였다
일종의 해프닝으로 치부할 수도 있겠지만
그날 맡은 지독한 냄새는
사라지지 않고 점점 짙어졌다

무엇도 존재하지 않았을 때
그야말로 완벽했을 때
삶도 죽음도 같고 책임 따위 없었을 때
피할 궁리는 하지 않았다

그는 사흘을 굶고
허겁지겁 뼈다귓국을 퍼먹었다

두 손으로 뼈를 쥔 꼴이란!

카메라 앞에 선 소년들이
K-2 소총을 어깨에 메고 인상을 찌푸렸다

3.
열람 가능한 문서에 따르면
한국 정부는 여덟 번의 계엄령을 선포했다

사정이 여의치 않다, 어찌할 방도가 없다, 임금은 동결되고 몇 사람 솎아내고
질서가 유지되었다

어머니의 배가 조금씩 불러오기 시작했다
그는 이미 감옥이었다

교도관이 수감자들과 어머니를 몽둥이로 두들겨 팼다
그러나 그들은 살아남았다

4.
인터뷰어가 녹음기를 끄고
숨을 크게 들이마셨다

 혁명이 가능하다고 봅니까? 권력가들은 옳지 않았어요. 우리 가족과 마을 사람 모두 그들에 의해 발가벗겨졌죠. 우리에게는 집이 필요했어요.

그는 베란다 난간에 등을 기대고 섰다
사막은 모든 게 아름다울 거라고 생각했다
사이렌 소리가 가까워지고 있었다

그 일을 떠올리면
물속에 잠긴 네가 환하게 웃고

 일을 그만두고 여행이라도 다녀오자 나의 실업을 증명하고 차를 몰고 정처 없이 떠돌자 슬픔은 지겹지 않다 횡단보도 건너편에서 동료들이 손을 흔들고 있다

5.
가난한 사람이든 가난하지 않은 사람이든 고난을 피할 순 없

다 빈민가에서 자란 아이들은 철 지난 옷을 입고 놀이터에서 논다 흙을 잔뜩 묻히고 얼룩이 될 때까지 논다 그러다가 아무도 모르게 인생이 꼬이고 사랑을 하고 결국 시를 끄적이는 것이다

   새 삶을 살고 싶다고 흥얼대는 취객처럼
   그는 그가 진짜라는 걸 증명하고 싶었다

   그가 광장에서 마이크를 잡았다
   서서히 밝아지고

   세상을 바꾸겠다, 얘기하면
   좌중에서 웃음이 터졌다
   그는 집에서 담배를 태웠고 문틈에 꽂힌 독촉장을 찢었다 일을 구하려고 애썼으나 실패했고 죽으려고 했으나 두려웠다 골방과 거리를 오가면서 확신했다
   시간이 얼마 남지 않았다

6.
1966년 10월, 흑표범당은 정당 강령을 발표했다.
요약하면 다음과 같다.

우리가 믿고 원하는 것: 자유, 완벽한 고용, 보금자리, 올바른 교육, 사랑, 비폭력, 인간 대접, 전쟁의 종말, 비옥한 땅과 음식, 도시의 정원

이것이 목표다.

7.
병사들이 날카로운 창끝으로 네 옆구리를 찌르면
너는 아파서 울 거야

약에 취한 아버지는 실종되었고
가계부채가 늘어갔다
여동생이 46.5대 1의 경쟁률을 뚫고 9급 공무원이 됐다
어머니가 기뻐했다
살아 돌아오리라 약속했다

돌로 무덤을 세웠다 철근으로 콘크리트로 유리로 무덤을 세웠다 뼈로 살로 피로 무덤을 세웠다
무덤이 하늘 높이 솟았다
그것은 붕괴될 것이다

8.
힘없는 자들이
입안에 독한 술을 털어 넣고
가장 아끼는 것을 박살냈다

9.
누구에게도 밝히지 않았지만
아버지는 부랑자였다

그는 정당한 보수를 받아본 적이 없었고
평생 일했다

결과가 어찌 됐건
그것은 왜곡되었다

형제들의 뒤통수는
하나같이 묵사발이 되었다

0.
지난 태풍과 달리
이번 것은 별 피해 없이 지나갈 것이다

⌞ The Hate U Give Little Infants Fucks Everyone.

우리 영원 꿈

열고 열고 끝없이 열어도 사라지지 않는 꿈에 대해 들려줘 그날 우리는 무너지는 안식처에 누워 하염없이 한낮의 창문을 바라보았지

인적 드문 공터에서 한 아이가 돋보기로 죽은 개미를 들여다보고 있었다 올 나간 학생복에서 흙냄새가 나, 부러진 파스텔을 주워 그림을 그리며 서로의 꿈을 훔쳐보았지 개미는 타버린 지 오래인데

우리가 수놓은 프랑스자수에서 밤의 장미가 개화한다 듣자마자 죽고 싶은 이야기를 들려줘 너무 슬퍼서 죽고 나서도 슬픈 꿈이 필요해, 감은 두 눈 위로 빛이 번진다 비행하다 발작하는 새들

우리 팔에 새긴 검은 꽃이 시들지 않도록 서로의 팔과 몸을 씻겨주고 나면 그렇게 밤이 왔다 커튼에 엮은 전구들이 그라데이션으로 빛난다 과실주를 먹으면 다음 날 몸에서 과일향이 난대, 우리는 고깔모자를 쓰고 웃지 두 뺨에 분가루를 묻히고

내가 사랑한 건 돌림노래, 하지만 너를 미워하진 않았어 네가 들려준 건 숲속을 헤매는 어느 노인의 이야기 나무 속을 벗어나고 벗어나도 또 다른 나무 사이를 헤매는 이야기, 그리고 우리는 이 악몽과 사랑에 빠지지 않도록 마음을 기울인다

커튼 달린 창문은 어쩐지 아름다워 보여 우리는 이불에 온몸을 묻었잖니 꿈같은 이야기를 들으면 이곳이 꿈일까 봐 무서워 이 슬픔을 반의 반의 반이라도 토해냈으면 좋겠다 그럴 수 있을까? 응?

우리의 작은 안식처, 디퓨저에서 비누향이 난다 우리 슬픔에서는 무슨 냄새가 날까 마트료시카, 그래 그날 우리는 마트료시카 같았지만 자꾸만 눈을 뜨고 감고 뜨고 감다가 이대로 영원히

아침달 시집 13
한 줄도 너를 잊지 못했다

1판 1쇄 펴냄 2019년 11월 28일
1판 8쇄 펴냄 2023년 2월 28일

지은이 창작동인 뿔
큐레이터 김소연, 김언, 유계영
편집 송승언, 서윤후, 정채영, 이기리
디자인 한유미, 정유경

펴낸곳 아침달
펴낸이 손문경
출판등록 제2013-000289호
주소 04029 서울시 마포구 양화로 7길 83, 5층
전화 02-3446-5238
팩스 02-3446-5208
전자우편 achimdalbooks@gmail.com

© 창작동인 뿔, 2019
ISBN 979-11-89467-16-6 03810

값 10,000원

이 도서는 한국출판문화산업진흥원의 '2019년 우수출판콘텐츠 제작 지원' 사업 선정작입니다.

이 도서의 판권은 지은이와 출판사 아침달에게 있습니다.
양측의 서면 동의 없이 책 내용의 전부 혹은 일부의 재사용을 금합니다.

이 도서의 국립중앙도서관 출판예정도서목록(CIP)은
서지정보유통지원시스템 홈페이지(http://seoji.nl.go.kr)와
국가자료종합목록 구축시스템(http://kolis-net.nl.go.kr)에서 이용하실 수 있습니다.
(CIP제어번호: CIP2019047197)

아침달

2부

낙원	최백규	악어	안아다
공병기	최지인	미래진행	최백규
부작용	안아다	검	최지인
기다리는 사람	최지인	마음 편지	안아다
인간과 겉간	안아다	진단	최지인
서사	최지인	파도 앞에 선 사람	최지인
다세대주택	최지인	마카벨리傳	최지인
어제의 꿈은 오늘의 착란	안아다	우리 영원 꿈	안아다
북적한 일	최지인		
그럼 먼 곳으로 보내는 편지	안아다		
열대야	최백규		